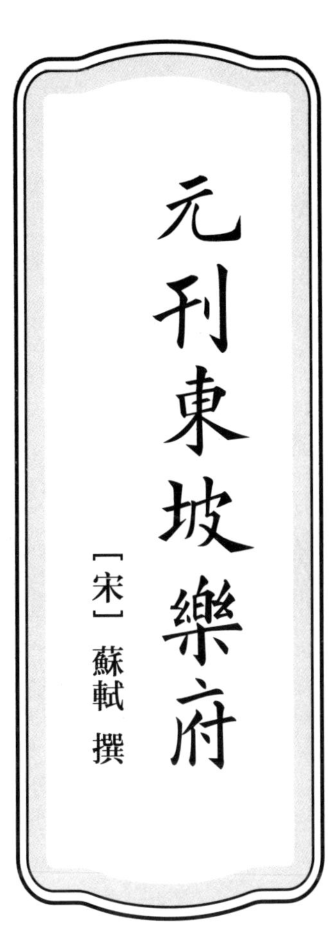

元刊東坡樂府

［宋］蘇軾 撰

中國書店

圖書在版編目（CIP）數據

元刊東坡樂府 ／（宋）蘇軾撰．— 北京 ：中國書店，2021.5

（高士雅集叢書）

ISBN 978-7-5149-2757-3

Ⅰ．①元… Ⅱ．①蘇… Ⅲ．①宋詞－選集 Ⅳ．①I222.844

中國版本圖書館CIP數據核字(2021)第026755號

元刊東坡樂府

[宋] 蘇軾　撰

責任編輯：劉深

出版發行：中國書店

地　　址：北京市西城區琉璃廠東街115號

郵　　編：100050

印　　刷：藝堂印刷（天津）有限公司

開　　本：787毫米×1092毫米　1/16

版　　次：2021年5月第1版　2021年5月第1次印刷

印　　張：11

書　　號：ISBN 978-7-5149-2757-3

定　　價：65.00元

内容提要

《東坡樂府》是我國宋代文學家蘇軾的詞集。蘇軾（一〇三七—一一〇一），字子瞻，一字和仲，號東坡居士，眉州眉山（今四川省眉山市）人。宋仁宗嘉祐二年（一〇五七）進士，官至翰林學士、禮部尚書，後以龍圖閣學士出任地方知州。蘇軾是宋代文學大家，他的詩、詞、散文、書法都有獨到的成就。其作品主要彙編爲《東坡七集》，即《東坡集》四十卷，《後集》二十卷，《奏議》十五卷，《内制》十卷，《外制》三卷，《和陶詩》四卷，《應詔集》十卷。但詞集《東坡樂府》未在其中。

蘇軾的詞，在我國詞史上有非常特殊且重要的地位。他使詞突破了『艷科』『供娱賓遣興』的傳統藩籬，從花間、樽前走向更爲廣泛的社會、人生，是宋代豪放派詞的創始人。劉辰翁評價蘇軾詞『詞至東坡，傾蕩磊落，如詩如文，如天地奇觀』（《辛稼軒詞序》）。文學史上則把蘇東坡與宋詞壇上獨樹一幟的辛弃疾并稱『蘇辛』。

這部中國國家圖書館藏《東坡樂府》爲元代延祐間括蒼人葉曾雲間南阜書堂刻本（雲間即今之松江），曾經被趙萬里先生稱爲今日所見東坡詞最古刻本。這也是傳世東坡詞的最重要刻本。

此書卷首有著名藏書家黄丕烈跋，跋稱：『余所藏宋元人詞極富，皆精鈔或舊鈔，而名人校藏者，若宋元刻本，向未有焉。既從骨董鋪中獲一元刻《稼軒長短句》，可稱絶無僅有之物。其時余友顧千里館余家，共相欣賞，以爲此種寶物，竟以賤值得之，何世之不知寶而子幸遇之乎。蓋辛詞值不過白鏹七金也。近年無力購書，遇宋元刻又不忍釋手，必典質借貸而購之，……今秋顧千里自黎川歸，余訪之城南思適齋，千里曰：「聞子欲賣詞，余反有一詞欲子買之。」余曰：「此必宋刻矣。」千里曰：「非宋刻，却勝于宋刻。昔錢遵王已云，宋刻殊不足觀，則元本信亦可寶。」請觀之，則延祐庚申刻《東坡樂府》也。其時需值卅金，余以囊澀未及購取。後思余欲去詞，《辛詞》本欲留存，且蘇、辛本爲并稱，合之實爲雙璧。因檢書一二種，售之友人，……復益以日本刻《簡齋集》，如前需數，而交易始成。』黄丕烈以卅金换來的《東坡樂府》與其原藏《稼軒長短句》合爲雙璧，也是書林的一段佳話。令一代藏書名家黄丕烈、顧千里如此看重，《東坡樂府》的價值可見一斑。

此書中鈐有『竹塢』『辛夷館印』『玉蘭堂』『梅溪精舍』『古吴王氏』『乾學』『徐健庵』『季滄葦藏書』『振宜之印』『滄葦』『歙鮑氏知不足齋藏書』『鮑以文藏書記』『顧廣圻印』『顧澗蘋藏書』『思適齋』『老蕘』『曾藏汪閬源家』等藏印，可知其最早曾爲文徵明家藏，錢遵王晚年曾經抱憾所藏宋元本及抄本書歸諸季氏，此元刊《東坡樂府》大概就在此列。但全書并不見有錢遵王的題記，趙萬里先生分析可能是還没有鈐印就已經又售出了，這種情况在錢遵王的其他藏書中曾經發生過。後又爲徐健庵、季振宜、鮑廷博、顧廣圻等藏書家收藏鑒賞，然後歸入黄丕烈囊中，從黄丕烈家散出後，又到汪士鐘藝芸書舍，後歸至楊氏海源閣(在海源閣期間，王鵬運曾藉複製印入《四印齋刻詞》)，海源閣書散後，被周叔弢先生購得。中華人民共和國成立後不久，他將書無償捐贈給中國國家圖書館，使其與元大德三年廣信書院刻本《稼軒長短句》在國家圖書館合璧，這部珍貴的《東坡樂府》也找到了一個最好的歸宿。

一九五七年，古典文學出版社曾據此本影印出版，當時的善本部主任、版本學家趙萬里先生爲《東坡樂府》作跋云：元延祐七年葉曾雲間南阜書堂刻本《東坡樂府》，爲今日所見東坡詞最古刻本。迭經黄丕烈士禮居、汪士鐘藝芸書舍、楊紹和海源閣收藏。海源閣書散，歸天津周叔弢先生。一九五二年叔弢先生藏書捐獻政府。此書與元大德三年廣信書院刻本《稼軒長短句》同歸北京圖書館（今中國國家圖書館）。清光緒間臨桂王鵬運曾從楊氏借來，刻入《四印齋刻詞》，雖行款未易，而原書面貌不可復見。今據原本影印，使世人得見元本真相，當亦爲治古典文學者所樂聞也。

在跋中趙萬里先生還指出：陳振孫《直齋書録解題》有二卷本，其本疑即明人吴訥《四朝名賢詞》

本，今在天津圖書館。又有黄氏士禮居舊藏毛氏汲古閣影宋抄本，編次與吴訥本同。二卷本卷末附拾遺詞，目後有曾慥跋文：東坡先生長短句既鏤板，復得張賓老所編并載于蜀本者悉收之。江山麗秀之句，樽俎戲劇之詞，搜羅幾盡矣。傳之無窮，想像豪放風流之不可及也。紹興辛未孟冬至游居士曾慥題。

根據曾慥的這一段跋文，我們可以肯定東坡詞在南宋初曾經有過曾慥刻本。曾慥還曾輯過樂府雅詞，幾乎是遍録了北宋及南宋初年各名家的詞，但却没有蘇東坡的詞，可能是東坡詞已經單獨輯有專刊的緣故吧。

趙萬里先生指出：曾慥本有拾遺詞，殿于卷末，而元本却無。趙先生懷疑元刻本原來也是有拾遺詞的，因爲毛氏汲古閣刻《東坡詞》，注明『元刻逸』或『元刻不載』的，此本均未收。因此推斷，毛氏所説的『元本』應當就是這個本子。曾慥拾遺詞中的詞，毛氏本除一首外，其餘都散編在各調下，并未注明『元刻逸』或『元刻不載』。所以毛氏所見『元本』當有此拾遺詞，可能是因爲年代久遠不存。毛氏刻本也有與元刻不同之處，趙先生認爲是毛氏校勘疏漏造成的。但毛本《東坡詞》中有五十九闋是元刻中没有的，毛本所依據的毛晋自跋中説是原出金陵本，疑此金陵本就是焦竑所編《苏長公二妙集》。焦本《東坡先生詩餘》，原出曾慥本更益以現在已經失傳的一個本子，按調名類次混合編成。毛本有而元本無的大多數都可以從焦本中找到。毛本注出『元刻逸』『元刻不載』是要表明此本珍善，并没有細細對勘，所以品質并不高。因此東坡的詞集最好的版本應該是此元刻本和曾慥本。

錢曾在《讀書敏求記》中説：東坡樂府刻于延祐庚申，舊藏注釋宋本，穿鑿蕪陋，殊不足觀，弃彼留此可也。

據趙萬里先生的推斷，錢遵王所謂『元本』就是現藏于國家圖書館的元刻本。

中國國家圖書館　陳紅彦

二〇一九年八月二十日

目録

余所藏宋元人詞極富皆精鈔或舊鈔而名人校藏者若宋元刻本向未有焉既從骨董鋪中獲一元刻稼軒長短句可稱絶無僅有之物其時余友顧千里館余家共相欣賞以為此種寶物竟以賤直得之何世之不知寶而予幸遇之乎蓋辛詞直不過白鏹七金也近年無力購書遇宋元刻又不忍釋手必典質借貸而購之未免室人交徧謫我矣故以賣書為買書取其可割愛者去之如鈔本詞屢欲去而為買宋刻太平御覽計是已今秋顧千里自黎川歸余訪之城南思適齋千里曰聞子欲賣詞余反有一詞欲子買之余曰此必宋刻矣千里曰非宋刻却勝于宋刻昔錢遵王已云宋本殊不足觀則元本信亦可寶請觀之則延祐庚申刻東坡樂府也其時需直卅金余以囊澁未及購取後思余欲去詞辛詞本欲留存且蘇辛本為並稱合之實為雙璧因檢書一二種售諸友

人得銀廿四兩千里意猶不足余力實無餘復益以日本刻簡齋集如前需數而交易始成余遂得以書歸取毛鈔東坡詞勘之非一本二卷雖同其序次前後字句歧異當兩存之鈔本附東坡詞拾遺一卷有紹興辛未孟冬至游居士曾慥跋謂東坡先生長短句既鏤板復得張賓老所編并載于蜀本者悉收之似前二卷只係曾刊而直齋解題但云東坡詞二卷不云有拾遺似非此本然直齋云集中戚氏敘穆天子西王母事云云毛鈔本亦有此語似宋刻即毛鈔所自出而此刻戚氏下無此注釋大槩錢所云穿鑿附會者也且毛鈔過注釋處注云云公舊注云云俱与此初合而其辭多不同或彼有此無或彼無此有余以毛鈔注釋多標明舊注知此刻之注釋乃其舊文遵王欲棄宋留元未始無意此书未入述古書藏而明遂經文王兩家收藏 本朝又為健菴滄葦鑒賞宜此書之益增聲價矣 癸亥季冬八日蕘翁黄丕烈識

之文章號爲古文蓋之
遺意也自風雅隳敗久
爲鄭衛倚靡之音孔
漫古之淳厚以久矣豪披
先生以文名于世之縱

之詩樂章如百篇樂而不淫哀而不傷焉以六義之體裁其含吐詞非法筆窺測好事者或為之注釋中有穿鑿

甚多為陋者所諸舊板
謬誤已久維有家藏善
本再三校正一新刻梓以
永流布史先生文章之
光焰復發於

明時不和舜字、祜、啟

甲申正月望日括蒼雲渌

藁石刻于雲間南阜

書堂

東坡樂府目録

卷上

卷下

東坡樂府目錄終

東坡樂府卷上

眉山　蘇軾子瞻

水龍吟

古來雲海茫茫，道山絳闕知何處。人間自有赤城居士，龍蟠鳳翥，清淨無爲，坐忘遺照，八篇奇語，向玉霄東望，蓬萊晻靄，有雲駕、驂風馭。　行盡九州四海，笑紛紛、落花飛絮。臨江一見，謫仙風采，無言心許。八表神遊，浩然相對，酒酣箕踞。待垂天賦就，騎鯨路穩，約相將去。

又贈趙晦之吹笛侍兒

楚山脩竹如雲異材秀出千林表龍鬚半剪鳳
膺微漲玉肌匀繞木落淮南雨晴雲夢月明風
嫋自中郎不見桓伊去後知辜負秋多少　聞
道嶺南太守後堂深緑珠嬌小綺窻學弄梁州
初遍霓裳未了嚼徵含宮泛商流羽一聲雲杪
爲使君洗盡蠻風瘴雨作霜天曉

又次韻章質夫楊花詞

似花還似非花也無人惜從教墜拋家傍路思
量却是無情有思縈損柔腸困酣嬌眼欲開還
閉夢隨風萬里尋郎去處又還被鶯呼起　不

恨此花飛盡恨西園落紅難綴曉來雨過遺蹤
何在一池萍碎春色三分二分塵土一分流水
細看來不是楊花點點是離人淚

又閭丘大夫孝終公顯嘗守黃州作栖
霞樓爲郡中勝絶元豐五年予謫居黃
正月十七日夢扁舟渡江中流回望樓
中歌樂雜作舟中人言公顯方會客也
覺而異之乃作此曲蓋越調鼓笛慢公
顯時已致仕在蘇州

小舟横截春江卧看翠壁紅樓起雲間笑語使

君高會佳人半醉危柱哀絃艷歌餘響遶雲縈
水念故人老大風流未減空回首煙波裏 推
枕惘然不見但空江月明千里五湖聞道扁舟
歸去仍攜西子雲夢南州武昌東岸昔遊應記
料多情夢裏端來見我也參差是

滿庭芳元豐七年四月一日余將去黃
移汝留別雪堂鄰里二三君子會李仲
覽自江東來別遂書以遺之

歸去來兮吾歸何處萬里家在岷峨百年強半
來日苦無多坐見黃州再閏兒童盡楚語吳歌

山中友鷄豚社酒相勸老東坡　云何當此去
人生底事來往如梭待閑看秋風洛水清波好
在堂前細柳應念我莫剪柔柯仍傳語江南父
老時與曬漁蓑

又

香靉雕盤寒生冰筯畫堂別是風光主人情重
開宴出紅粧膩玉圓搓素頸藕絲嫩新織仙裳
歌聲罷虚欄轉月餘韻尚悠颺　人間何處有
司空見慣應謂尋常坐中有狂客惱亂愁腸報
道金釵墜也十指露春笋纖長親曾見全勝宋

王想像賦高唐

又

蝸角虛名蠅頭微利算來着甚乾忙事皆前定誰弱又誰強且趁閑身未老須放我些子踈狂百年裏渾教是醉三萬六千塲　思量能幾許憂愁風雨一半相妨又何須抵死說短論長幸對清風皓月苔茵展雲幕高張江南好千鍾美酒一曲滿庭芳

又　有王長官者棄官黃州三十三年黃人謂之王先生因送陳慥來過余因為

賦此

三十三年今誰存若箇祇君與長江凜然蒼檜霜幹苦難雙聞道同州古縣雲溪上竹塢松窻江南岸不因送子寧肯過吾邪　摐摐踈雨過風林舞破煙蓋雲幢願持此邀君一飲空釭居士先生老矣真夢裏相對殘釭歌聲斷行人未起舡鼓以逢逢

又余年十七始與劉仲達往來於眉山今年四十九相逢於泗上淮水淺凍久留郡中晦日同遊南山話舊感歎因作

滿庭芳云

三十三年漂流江海萬里煙浪雲帆故人驚怪憔悴老青衫我自踈狂異趣君何事奔走塵凡流年盡窮途坐守舡尾凍相銜　巉巉淮浦外層樓翠壁古寺空嵓步携手林間笑挽攕攕莫上孤峯盡處縈望眼雲海相攙家何在因君問我歸夢遶松杉

又余謫居黄州五年將赴臨汝作滿庭芳一篇别黄人既至南都蒙恩放歸陽羡復作一篇

歸去來兮清溪無底上有千仞嵯峩畫樓東畔
天遠夕陽多老去君恩未報空四首彈鋏悲歌
船頭轉長風萬里歸馬駐平坡　無何何處有
銀潢盡處天女停梭問何事人間久戲風波顧
謂同來稚子應爛汝腰下長柯青衫破群仙笑
我千縷挂煙蓑

水調歌頭　黃州快哉亭贈張偓佺

落日繡簾捲亭下水連空知君為我新作窗户
濕青紅長記平山堂上欹枕江南煙雨杳杳沒
孤鴻認得醉翁語山色有無中　一千頃都鏡

淨倒碧峯忽然浪起掀舞一葉白頭翁堪笑蘭臺公子未解莊生天籟剛道有雌雄一點浩然氣千里快哉風

又 余去歲在東武作水調歌頭以寄子由今年子由相從彭門百餘日過中秋而去作此曲以別余以其語過悲乃為和之其意以不早退為戒以退而相從之樂為慰云

安石在東海從事鬢驚秋中年親友難別絲竹緩離愁一旦功成名遂准擬東還海道扶病入

西州雅志困軒冕遺恨寄滄洲　歲云暮須早
計要褐裘故鄉歸去千里佳處輙遲留我醉歌
時君和醉倒須君扶我惟酒可忘憂一任劉玄
德相對臥高樓

又　丙辰中秋歡飲達旦大醉作此篇兼懷子由

明月幾時有把酒問青天不知天上宮闕今夕
是何年我欲乘風歸去唯恐瓊樓玉宇高處不
勝寒起舞弄清影何似在人間　轉朱閣低綺
户照無眠不應有恨何事長向别時圓人有悲

歡離合月有陰晴圓缺此事古難全但願人長久千里共嬋娟

又　歐陽文忠公嘗問余琴詩何者最善答以退之聽穎師琴詩公曰此詩固奇麗然非聽琴乃聽琵琶詩也余深然之建安章質夫家善琵琶者乞爲歌詞余久不作特取退之詞稍加隱括使就聲律以遺之云

昵昵兒女語燈火夜微明恩怨尒汝來去彈指淚和聲忽變軒昂勇士一鼓填然作氣千里不

留行回首暮雲遠飛絮攪青冥　衆禽裏真彩鳳獨不鳴躋攀寸步千險一落百尋輕頎子指間風雨置我腸中冰炭起坐不能平推手從歸去無淚與君傾

又子由徐州中秋作

離別一何久七度過中秋去年東武今夕明月不勝愁豈意彭門城下同泛清河古汴船上載凉州鼓吹助清賞鴻鴈起汀洲　坐中客翠羽帔紫綺裘素娥無賴西去曾不爲人留今夜清樽對客明夜孤帆水驛依舊照離憂但恐同王

緊相對求登樓

滿江紅　董穀夫名鉞自梓漕得罪罷官東川歸鄱陽過東坡於齊安恠其豐暇自得余問之曰吾再娶柳氏三日而去官吾固不戚戚而憂柳氏不能忘懷於進退也已而欣然同憂患若處富貴吾是以益安焉命其侍兒歌其所作蒲江紅嗟嘆之不足乃次其韻

憂喜相尋風雨過一江春綠巫峽夢至今空有亂山屏簇何似伯鸞携德耀簞瓢未足清歡足

漸繁然光彩照階庭生蘭玉　幽夢裏傳心曲腸斷處憑他續文君細知否笑君卑辱君不見周南歌漢廣天教夫子休喬木便相將左手抱琴書雲間宿

又　寄鄂州朱使君壽昌

江漢西來高樓下蒲萄深碧猶自帶岷峨雪浪錦江春色君是南山遺愛守我爲劒外思歸客對此間風物豈無情殷勤說　江表傳君休讀狂處士眞堪惜空洲對鸚鵡葦花蕭瑟不獨笑書生爭底事曹公黃祖俱飄忽願君還賦謫仙

詩追黃鶴

又東武會流盃亭上巳日作城南有坡

土色如丹其下有堤壅鄭淇水入城

東武南城新堤就鄭淇初溢微雨過長林翠阜卧紅堆碧枝上殘花吹盡也與君試向江頭覔問向前猶有幾多春三之一　官裏事何時畢風雨外無多日相將泛曲水蒲城争出君不見蘭亭修禊事當時座上皆豪逸到如今脩竹滿山陰空陳迹

又

清潁東流愁來送征鴻去翮情亂處青山白浪萬重千疊孤負當年林下語對床夜雨聽蕭瑟恨此生長向別離中彫華髮　一樽酒黃河側無限事從頭說相看恍如許多年月衣上舊痕餘苦淚眉間喜氣占黃色便與君池上覓殘春花如雪

又　正月十三日雪中送文安國還朝

天豈無情天也解多情留客春向暖朝來底事尚飄輕雪君遇時來紆組綬我應老去尋泉石恐異時盃酒復相思雲山隔　浮世事俱難必

人縱健頭應白何辭更一醉此歡難覓不用向佳人訴離恨淚珠先已凝雙睫但莫遣新燕却來時音書絶

念奴嬌 赤壁懷古

大江東去浪淘盡千古風流人物故壘西邊人道是三國（一作當日）周郎赤壁亂石崩雲驚濤裂岸捲起千堆雪江山如畫一時多少豪傑 遥想公瑾當年小喬初嫁了雄姿英發羽扇綸巾談笑間強虜灰飛煙滅故國神遊多情應笑我早生華髮人間如夢一樽還酹江月

千秋歲 重陽作 徐灿

淺霜侵綠鬢少仍新沐冠直縫巾橫幅美人憐我老玉手簪金菊秋露重真珠滿袖沾餘馥座上人如玉花映花奴肉蜂蝶亂飛相逐明年人縱健此會應難復須細看晚來明月和銀燭

歸朝歡 和蘇堅伯固

我夢扁舟浮震澤雪浪搖空千頃白覺來滿眼是廬山倚天無數開青壁此生長接淅與君同是江南客夢中遊覺來清賞同作飛梭擲 明日西風還掛席唱我新詞淚沾臆靈均去後楚

山空澧陽蘭芷無顏色君才如夢得武陵更在西南極竹枝詞莫傜新唱誰謂古今隔

永遇樂孫巨源以八月十五日離海州坐别於景疎樓上旣而與余會於潤州至楚州乃别余以十一月十五日至海州與太守會於景疎樓上作此詞以寄巨源

長憶别時景疎樓上明月如水美酒清歌留連不住月隨人千里别來三度孤光又滿冷落共誰同醉捲珠簾淒然顧影共伊到明無寐今

朝有客來從濉上能道史君深意憑仗清淮分
明到海中有相思淚而今何在西垣清禁夜永
露華侵被此時看回廊曉月也應暗記

又　彭城夜宿燕子樓夢盼盼因作此詞
一云徐州夜夢覺此登燕子樓作

明月如霜好風如水清景無限曲港跳魚圓荷
瀉露寂寞無人見紞如三鼓鏗然一葉黯黯夢
雲驚斷夜茫茫重尋無處覺來小園行遍　天
涯倦客山中歸路望斷故園心眼燕子樓空佳
人何在空鎖樓中燕古今如夢何曾夢覺但有

舊歡新怨異時對黃樓夜景爲余浩嘆

雨中花 初至密州以累年旱蝗齋素累月方春牡丹盛開遂不獲一賞至九月忽開千葉一朶雨中特爲置酒遂作

今歲花時深院盡日東風輕颺茶煙但有綠苔芳草柳絮榆錢聞道城西長廊古寺甲第名園有國艷帶酒天香染袂爲我留連 清明過了殘紅無處對此淚灑樽前秋向晚一枝何事向我依然高會聊追短景清商不暇餘妍不如留取十分春態付與明年

沁園春 赴密州早行馬上寄子由

孤舘燈青野店鷄號旅枕夢殘漸月華收練晨霜耿耿雲山摛錦朝露團團世路無窮勞生有限似此區區長鮮歡微吟罷凭征鞍無語往事千端 當時共客長安似二陸初來俱少年有筆頭千字胸中萬卷致君堯舜此事何難用捨由時行藏在我袖手何妨閑處看身長健但優游卒歲且鬭樽前

泛金船 流盃亭和楊元素

無情流水多情客勸我如相識杯行到手休辭

却似軒冕相逼幽水池上小字更書年月還對茂林脩竹似永和時節　纖纖素手如霜雪笑把秋花插樽前莫怯歌聲咽又還是輕別此去翺翔遍上玉堂金闕欲問再來何歲應有華髮

一叢花　初春病起

今年春淺臘侵年冰雪破春妍東風有信無人見露微意柳際花邊寒夜縱長孤衾易暖鍾鼓漸清圓　朝來初日半啣山樓閣淡疏煙遊人便作尋芳計小桃杏應已爭先衰病少悰疏慵自放惟愛日高眠

八聲甘州　寄參寥子

有情風萬里捲潮來，無情送潮歸。問錢塘江上，西興浦口，幾度斜暉。不用思量今古，俯仰昔人非。誰似東坡老，白首忘機。　記取西湖西畔，正春山好處，空翠煙霏。算詩人相得，如我與君稀。約它年、東還海道，願謝公、雅志莫相違。西州路，不應回首，爲我沾衣。

洞仙歌

江南臘盡，早梅花開後，分付新春與垂柳。細腰肢自有入格風流，仍更是、骨躰清英雅秀。　永

豐坊那畔盡日無人誰見金絲弄晴晝斷腸是飛絮時綠葉成陰無箇事一成消瘦又莫是東風逐君來便吹散眉間一點春皺

又余七歲時見眉州老人姓朱忘其名年九十餘自言嘗隨其師入蜀主孟昶宮中一日大熱蜀主與花蘂夫人夜納涼摩訶池上作一詞朱具能記之今四十年朱已死久矣人無知此詞者但記其首兩句暇日尋味豈洞仙歌令乎乃爲足之云

冰肌玉骨自清涼無汗水殿風來暗香滿繡簾開一點明月窺人人未寢欹枕釵橫鬢亂　起來携素手庭户無聲時見疏星渡河漢試問夜如何夜已三更金波淡玉繩低轉但（一作細）屈指西風幾時來又不道流年暗中偷換

三部樂

美人如月乍見掩暮雲更增妍絕算應無恨安用陰晴圓缺嬌甚空只成愁待下牀又懶未語先咽數日不來落盡一庭紅紫　今朝置酒強起問爲誰減動一分香雪何事散花却病維摩

無疾却伍眉慘然不答唱金縷一声怨切堪折便折且惜取年少花發

無愁可解

國工花日新作越調解愁洛陽劉几伯壽聞而悅之戲作俚語之詞天下傳詠以謂幾於達者龍丘子衍之之此雖免乎愁猶有所解也若夫遊於自然而託於不得已人樂亦樂人愁亦愁彼且惡乎解哉乃反其詞作無愁可解云

光景百年看便一世生來不識愁味問愁何處

來更開解箇甚底萬事從來風過耳何用不着
心裏你喚做展却眉頭便是達者也則恐未
此理本不通言何曾道歡遊勝如名利道即渾
是錯不道如何即是這裏元無我與你甚喚做
物情之外若須待醉了方開解時間無酒怎生
醉

戚氏

玉龜山東皇靈姥統群仙絳闕岧嶢翠房深迥
倚霏煙幽閑志蕭然金城千里瑣嬋娟當時穆
滿巡狩翠華曾到海西邊風露明霽鯨波極目

勢浮輿蓋方圓正迢迢麗日玄圃清寂瓊草芊
緜爭解繡勒香轔鸞輅駐蹕八馬戲芝田瑤池
近畫樓隱隱翠鳥翩翩肆華筵　閒作脆管鳴
絃宛若帝所鈞天稚頭皓齒綠鬟方瞳圓極恬
淡高妍盡倒瓊壺酒獻金鼎藥固大椿年縹緲
飛瓊妙舞命雙成奏曲醉留連雲璈韻響寫寒
泉浩歌暢飲斜月低河漢漸漸綺霞天際紅深
淺動歸思回首塵寰爛熳遊玉輦東還杏花風
數里響鳴鞭望長安路依稀柳色華點春妍

醉蓬萊　余謫居黃州三見重九每歲與

太守徐君猷會于栖霞樓今年公將去

乞郡湖南念此惘然故作是詞

笑勞生一夢羈旅三年又還重九華髮蕭蕭對荒園搔首賴有多情好飲無事似古人賢守歲歲登高年年落帽物華依舊　此會應須爛醉仍把紫菊紅萸細看重嗅搖落霜風有手栽雙柳來歲今朝爲我西顧酹羽觴江口會與州人飲公遺愛一江醇酎一作酒

賀新郎

乳燕飛華屋悄無人桐陰轉午晚凉新浴手弄

生綃白團扇、扇手一時似玉、漸困倚孤眠清熟、簾外誰來推繡户、枉教人夢斷瑶臺曲、又却是風敲竹 石榴半吐紅巾蹙、待浮花浪蘂都盡、伴君幽獨、濃艷一枝細看取、芳心千重似束、又恐被秋風驚緑、若待得君來向此、花前對酒不忍觸、共粉淚兩簌簌、

哨遍 陶淵明賦歸去来有其詞而無其聲余既治東坡築雪堂於上人俱笑其陋獨鄱陽董毅夫過而悦之有卜鄰之意乃取歸去來詞稍加隱括使就聲律

以遺穀夫俟家僮歌之時相從於東坡
釋耒而和之扣牛角而爲之節不亦樂
乎

爲米折腰因酒棄家口躰交相累歸去来誰不
遣君歸覺從前皆非今是露未晞征夫指予歸
路門前笑語喧童稚嗟舊菊都荒新松暗老吾
年今已如此但小牕容膝閉柴扉策杖看孤雲
暮鴻飛雲出無心鳥倦知還本非有意 噫歸
去来兮我今忘我兼忘世親戚無浪語琴書中
有真味步翠麓崎嶇泛溪（一作舟）窈窕涓涓暗谷

流春水觀草木欣榮幽人自感吾生行且休矣念寓形宇内復幾時不自覺皇皇欲何之委吾心去留誰計神仙知在何處富貴非吾志但知臨水登山嘯詠自引壺觴自醉此生天命更何疑且乘流遇坎還止

又

睡起畫堂銀蒜押簾珠幕雲垂地初雨歇洗出碧羅天正溶溶養花天氣一霎暖風迴芳草榮光浮動卷皺銀塘水方杏靨勻酥花鬚吐繡園林排比翠紅見乳燕梢蝶過繁枝忽一線鑪香

逐遊絲畫衣人閑獨立斜陽晚來情味　便乘
興攜將佳麗深入芳菲裏撥胡琴語輕籠慢撚
揔利看緊約羅裙急趣檀板霓裳入破驚鴻起
顰月臨眉醉霞橫臉歌声悠颺雲際任滿頭紅
雨落花飛漸鳷鵲樓西玉蟾低尚徘徊未盡歡
意君看今古悠悠浮宦人間世這些百歲光陰
幾日三萬六千而已醉鄉路穩不妨行但人生
要適情耳

木蘭花令

霜餘已失長淮闊空聽潺潺清潁咽佳人猶唱

醉翁詞四十三年如電抹　草頭秋露流珠滑

三五盈盈還二八與予同是識翁人唯有西湖

波底月

又次馬仲玉韵

知君仙骨無寒暑千載相逢猶旦暮故將别語

惱佳人欲看梨花枝上語　落花已逐風回去

花本無心鶯自訴明朝歸路下塘西不見鶯啼

花落處

又

梧桐葉上三更雨驚破夢魂無覓處夜涼枕簟

已知秋更聽寒蛩促機杼　夢中歷歷來時路猶在江亭醉歌舞樽前必有問君人爲道別來心與緒

西江月　寳雲真覺院賞瑞香

公子眼花亂發老夫鼻觀先通領巾飄下瑞香風驚起謫仙春夢　后土祠中玉蘂蓬萊殿後鞓紅此花青色一作絶更纖穠把酒何人心動

又坐客見和復次韻

小院朱欄幾曲重城晝鼓三通更看微月轉光風歸去香雲入夢　翠袖爭浮大白皂羅半插

斜紅燈花零落灑花穠妙語一時飛動

又　再用前韻戲曹子方

惟此花枝怨泣託君詩句名通憑將草木記吳風纔取相如雲夢　點筆袖沾醉墨謗花面有慙紅知君却是為情穠怕見此花撩動

又

聞道雙嘴鳳帶不妨單着鮫綃夜香知與阿誰燒帳皇水沉煙裊　雲鬟風前綠卷玉顏醉裏紅潮莫教空度可憐宵月與佳人共僚

又　重九

點點樓頭細雨重重江外平湖當年戲馬會東
徐今日淒凉南浦　莫恨黃花未吐且教紅粉
相扶酒闌不必看茱更俯仰人間今古

又

送建溪雙井茶谷簾泉與勝之徐君
猷家後房甚慧麗自陳叙本貴種也

龍焙今年絶品谷簾自古珎泉雪芽雙井散神
仙苗裔來從北苑　湯發雲腴釅白盞浮花乳
輕圓人間誰敢更爭妍鬭取紅窻粉面

又

姑熟再見勝之次前韻

別夢已隨流水淚巾猶裛香泉相如依舊是臞

仙人在瑶臺閬苑　花霧縈風縹緲歌珠滴水
清圓蛾眉新作十分妍走馬歸來便面

又

世事一塲大夢人生幾度新凉夜來風葉已鳴
廊看取眉頭鬢上　酒賤常愁客少月明多被
雲妨中秋誰與共孤光把盞凄然北望

又 送錢待制穆父

莫嘆平齋落落且應去魯遲遲與君各記少年
時須信人生如寄　白髮千莖相送深盃百罰
休辭拍浮何用酒爲池我已爲君德醉

又

玉骨那愁瘴霧冰姿自有仙風海仙時遣探芳叢倒掛綠毛么鳳　素面常（一作翻）嫌粉涴洗粧不褪脣紅高情巳逐曉雲空不與梨花同夢

東坡公自序云頃在黃州春夜行蘄水中過酒家飲酒醉乘月至一溪橋上解鞍曲肱醉臥少休及覺已曉亂山攢擁流水鏘然疑非塵世也書此語橋柱上

照野瀰瀰淺浪橫空隱隱層霄障泥未解玉驄驕我欲醉眠芳草　可惜一溪風（一作明）月　莫教

踏碎瓊瑤解鞍欹枕綠楊橋杜宇一聲春曉

又

三過平山堂下半生彈指聲中十年不見老仙翁壁上龍蛇飛動　欲弔文章太守仍歌楊柳春風休言萬事轉頭空未轉頭時皆夢

又

昨夜扁舟京口今朝馬首長安舊官何物對一作與新官只有湖山公案　此景百年幾變箇中下語千難使君才氣卷波瀾與把新詩判斷

鷓鴣天

林斷山明竹隱墻亂蟬衰草小池塘翻空白鳥時時見照水紅蕖細細香　村舍外古城傍杖藜徐步轉斜陽殷勤昨夜三更雨又得浮生一日涼

又

陳公密出侍兒素姐歌紫玉簫曲勸老人酒老人飲盡爲賦此詞

笑撚紅梅嚲翠翹揚州十里最妖饒夜來綺席親曾見撮得精神滴滴嬌　嬌後眼舞時腰劉郎幾度欲魂銷明朝酒醒知何處腸斷雲間紫玉簫

又元真子漁父詞極清麗恨其曲度不傳故稍加其語以浣溪沙歌之矣元真子詞云西塞山邊白鷺飛桃花流水鱖魚肥青箬笠綠蓑衣斜風細雨不須歸表弟李如篪言漁父詞以鷓鴣天歌之甚協音律但語少聲多耳因以憲宗畫像訪求元真子文章及其兄鶴齡勸歸之意足前後數句

西塞山邊白鷺飛桃花流水鱖魚肥朝廷尚覓元真子何處于今更有詩 青蒻笠綠蓑衣斜

風細雨不須歸人間欲避風波險一日風波十二時

少年遊 端午贈黄守徐君猷

銀塘朱檻麴塵波圓緑卷新荷蘭條薦浴菖花釀酒天氣尚清和 好將沉醉酬佳節十分酒一分歌獄草煙深訟庭人悄無悋宴遊過

又 潤州作代人寄遠

去年相送餘杭門外飛雪似楊花今年春盡楊花似雪猶不見還家 對酒捲簾邀明月風露透窻紗恰似姮娥怜雙燕分明照畫梁斜

望江南

春已老，春服幾時成。曲水浪低蕉葉穩，舞雩風軟紵羅輕。酣詠樂昇平。　微雨過，何處不催耕。百舌無言桃李盡，柘林深處鵓鴣鳴。春色屬蕪菁。

又　超然臺作

春未老，風細柳斜斜。試上超然臺上看，半壕春水一城花。煙雨暗千家。　寒食後，酒醒卻咨嗟。休對故人思故國，且將新火試新茶。詩酒趁年華。

卜筭子

蜀客到江南長憶吳山好吳蜀風流自古同歸去應須早還與去年人共藉西湖草莫惜樽前子細看應是容顏老

又 黄州定惠院寓居作

缺月挂疎桐漏斷人初靜誰見幽人獨往來縹緲孤鴻影 驚起却回頭有恨無人省揀盡寒枝不肯棲楓落吳江冷

瑞鷓鴣

碧山影裏小紅旗儂是江南蹋浪兒拍手欲潮

山簡醉齊声争唱浪婆詞　西興渡口帆初落漁浦山頭日未欹儂欲送潮歌底曲樽前還唱使君詩

十拍子

白酒新開九醞黃花已過重陽身外儻來都是夢醉裏無何即是鄉東坡日月長　玉塵旋烹茶乳金虀新擣橙香強染霜髭扶翠袖莫道狂夫不解狂狂夫老更狂

清平樂

清淮濁汴更在江西岸紅旆到時黃葉亂霜入

梁王故苑　秋原何處携壺停驂訪古踟躇雙
廟遺風尚在漆園傲吏應無

昭君怨　金山送柳子玉

誰作桓伊三弄驚破緑窻幽夢新月與愁煙滿
江天　人欲去一作欲去又還不去明日落花飛絮
飛絮送行舟水東流

採桑子　潤州甘露寺多景樓天下之殊
景也甲寅仲冬余同孫巨源王正仲參
會于此有胡琴者姿色尤好三公皆一
時英秀景之秀妓之妙真爲希遇飲闌

巨源請於余曰殘霞晚照非奇才不盡

余作此詞

多情多感仍多病多景樓中樽酒相逢樂事回頭一笑空　停盃且聽琵琶語細撚輕攏醉臉春融斜照江天一抹紅

更漏子　送孫巨源

水涵空山照市西漢二疏鄉里新白髮舊黄金故人恩義深　海東頭山盡處自古客槎來去槎有信赴秋期使君行不歸

華胥引一作華清引

平時十月幸蘭湯玉甃瓊梁五家車馬如水珠璣滿路旁　翠華一去掩方床獨留煙樹蒼蒼至今清夜月依前過繚墻

蘇幕遮　詠選仙圖

暑籠晴風解慍雨後餘清暗襲衣裾潤一局選仙逃暑困笑指樽前誰向青霄近　整金盆輪玉笋鳳駕鸞車誰敢爭先進重五休言升最緊縱有碧油到了輸堂印

生查子　送蘇伯固

三度別君來此別真遲暮白盡老髭鬚明日淮

南去　酒罷月隨人淚濕花如霧後月送君時（一作後夜送君還）夢繞湖邊路

青玉案　和賀方回韻送伯固歸吳中

三年枕上吳中路遣黃犬隨君去若到松江呼小渡莫驚鴛鷺四橋盡是老子經行處　輞川圖上看春暮常記高人右丞句作箇歸期天已許春衫猶是小蠻針線曾濕西湖雨

烏夜啼

莫怪歸心速西湖自有蛾眉若見故人須細說白髮倍當時　小鄭非常強記二南依舊能詩

更有鱸魚堪切膾兒輩莫教知

臨江仙 龍丘子自洛之蜀載二侍女戎裝駿馬至溪山佳處輒留數日見者以爲異人其後十年築室黃岡之北號曰靜庵居士作此詞贈之

細馬遠馱雙侍女青巾玉帶紅靴溪山好處便爲家誰知巴峽路却見洛城花 面旋落英飛玉蕊人間春日初斜十年不見紫雲車龍丘新洞府鉛鼎養丹砂

又

詩句端來磨我鈍鈍錐不解生鎧歡頗爲我解
氷霜酒闌清夢覺春草滿池塘　應念雪堂坡
下老昔年共採芸香功成名遂早還鄉回車來
過我喬木擁千章

又 辛未離杭至潤別張弼秉道

我勸髯張歸去好從來自己忘情塵心消盡道
心平江南與塞北何處不堪行　俎豆庚桑真
過矣憑君說與南榮顧閑吳越報豐登看乇如
有問結襪賴王生

又 送李公恕

自古相從休務日何妨低唱微吟入岳[illegible]董作

春陰坐中人半醉簾外雪將深　聞道分司狂

御史紫雲無路追尋淒風寒雨是駸駸悶悶長

損氣見鶴忽驚心

又送王緘

忘却成都來十載因君未免思量憑將清淚洒

江陽故山知好在孤客自悲涼　坐上別愁君

未見歸來欲斷無腸殷勤且更盡離觴此身如

傳舍何處是吾鄉

又夜到揚州席上作

樽酒何人懷李白草堂一作暮雲遙指江東珠簾十里捲香風花開花謝離恨幾千重　輕舸渡江連夜到一時驚笑衰容語音猶自帶吳儂夜闌對酒依舊夢魂中

又　惠州改前韻

九十日春都過了貪忙何處追遊三分春色一分愁雨飜榆莢陣風轉柳花毬　我與使君皆白首休誇年少風流佳人斜倚合江樓水光都眼淨山色總眉愁

又　風水洞作

四大從來都遍滿此間風水何疑故應爲我發
新詩幽花香澗谷寒藻舞淪漪　借與玉川生
兩腋天仙未必相思還憑流水送人歸層巔餘
落日草露已沾衣

又 送錢穆父

一別都門三改火天涯踏盡紅塵依然一笑作
春温無波真古井有節是秋筠　惆悵孤帆連
夜發送行淡月微雲樽前不用翠眉顰人生如
逆旅我亦是行人

又 疾愈登望湖樓贈項長官

多病休文都瘦損不堪金帶垂腰望湖樓上暗香飄和風春弄袖明月夜聞簫　酒醒夢回清漏永隱床無限更潮佳人不見董嬌饒徘徊花上月空度可怜宵

又

夜飲東坡醒復醉歸來髣髴三更家童鼻息已雷鳴敲門都不應倚杖一作久立聽江聲　長恨此身非我有何時忘却營營夜闌風靜縠紋平小舟從此逝江海寄餘生

又

冬夜夜寒冰合井畫堂明月侵幃青釭明滅照悲啼青釭挑欲盡粉淚裹還垂　未盡一樽先掩淚歌聲半帶清悲情聲兩盡莫相違欲知腸斷處梁上暗塵飛

漁家傲　金陵賞心亭送王勝之龍圖王守金陵視事一日移南郡

千古龍蟠并虎踞從公一吊興亡處渺渺斜風吹細雨芳草渡江南父老留公住　公駕風車凌彩霧紅鸞驂乘青鸞馭却訝此洲名白鷺非吾侶翩然欲下還飛去

又 送台守江郎中

送客歸來燈火盡西樓淡月涼生暈明日潮來無定準潮來穩舡橫渡口重城近　江水似知孤客恨南風爲解佳人愠莫學時流輕久困頻寄問錢塘江上須忠信

又 七夕

皎皎牽牛河漢女盈盈臨水無由語望斷碧雲空日暮無尋處夢回芳草生春浦　鳥散餘花紛似雨汀洲蘋老香風度明月多情來照户但攬取清光長送人歸去

又送張元康省親秦州或作秦亭

一曲陽關情幾許知君欲向秦川去白馬皂貂留不住回首亂孤城不見天霏霧 到日長安花似雨故關楊柳初飛絮漸見靴刀迎夾路誰得似風流膝上王文度

定風波十月九日孟亨之置酒秋香亭

有雙拒霜獨向君猷而開坐客喜笑以爲非使君莫可當此花故作是篇

兩兩輕紅半暈腮依依獨向使君回若道使君無此意何爲雙花不向別人開 但看低昂煙

雨裏不已勸君休許十分盃更問樽前狂副使
來歲花開時節與誰來

又 三月七日沙湖道中遇雨具先去同行皆狼狽余不覺已而遂晴故作此

莫聽穿林打葉聲何妨吟嘯且徐行竹杖芒鞋輕勝馬誰怕一蓑煙雨任平生 料峭春風吹酒醒微冷山頭斜照却相迎回首向來蕭瑟處歸去也無風雨也無晴

又 重陽

與客攜壺上翠微江涵秋景鴈初飛塵世難逢

開口笑年少翁花須插滿頭歸　酩酊但酬佳
節了雲嶠登臨不用怨斜暉古往今來誰不老
多少牛山何必更沾衣

又

莫怕鴛鴦繡帶長腰輕不勝舞衣裳薄倖只貪
遊冶去何處垂楊繫馬恣輕狂　花謝絮飛春
又盡堪恨斷絃塵管伴啼粧不信歸來但自看
怕見爲郎憔悴却羞郎

又送元素

今古風流阮步兵平生遊宦愛東平千里遠來

還不住歸去空留風韻照人清　紅粉樽前添懊惱一作洞休道如何留得許多情記取明年花絮亂看泛西湖總是斷腸聲

又元豐五年七月六日王文甫家飲釀白酒大醉集古句作墨竹詞

雨洗娟娟嫩葉光風吹細細綠筠香秀色亂侵書帙晚簾櫳清陰微過酒樽凉　人畫竹身肥擁腫何用先生落筆勝蕭郎記得小軒岑寂夜廊下月和疎影上東墻

又詠紅梅

好睡慵開莫厭遲自憐冰臉不時宜偶作小紅桃杏色閑雅尚餘孤瘦雪霜姿　休把閑心隨物態何事酒生微暈沁瑶肌詩老不知梅格在吟詠更看緑葉與青枝

又余昔與張子野劉孝叔李公擇陳令舉楊元素會于吳興時子野作六客詞其卒章云見説賢人聚吳分試問也應旁有老人星凡十五年再過吳興而五人者皆已亡矣時張仲謀與曹子方劉景文蘇伯固張秉道爲坐客仲謀請作

後六客詞云

月滿苕溪照夜堂五星一老鬬光鋩十五年間真夢裏何事長庚配月獨淒凉　緑髮蒼顏同一醉還是六人吟笑水雲鄉賓主談鋒誰得似看取曹劉今對兩蘇張

又海南歸贈王定國侍兒寓娘

長羡人間琢玉郎天應乞與點蘇娘一本作故教天與點酥娘自作清歌傳皓齒風起雪飛炎海變清凉　萬里歸來年愈少微笑笑時猶帶嶺梅香試問嶺南應不好却道此心安處是吾鄉

南鄉子

晚景落瓊盃照眼雲山翠作堆認得岷峨春雪浪初來萬頃蒲萄漲淥醅　春雨暗陽臺亂灑歌樓濕粉腮一陣東風來捲地吹迴落照江天一半開

又梅花詞和楊元素

寒雀滿疎籬爭抱寒柯看玉蕤忽見客來花下坐驚飛踏散芳英落酒卮　痛飲又能詩坐客無氈醉不知花謝酒闌春到也離離一點微酸已著枝

又席上勸李公擇酒

不到謝公臺明月清風好山戲舊日髯孫何處去重來短李風流史上才　秋色漸摧頹蒲院黃英映酒盃看取桃花春二月争開盡是劉郎去後栽

又重九涵輝樓呈徐君猷

霜降水痕收淺碧鱗鱗露遠洲酒力漸消風力軟颼颼破帽多情却戀頭　佳節若爲酬但把清樽斷送秋萬事到頭都是夢休休明日黃花蝶也愁

又 渼述古

回首亂山横不見居人秖見城誰似臨平山上

塔亭亭迎客西來渼客行 歸路晚風清一枕

初寒夢不成今夜殘燈斜照處熒熒秋雨晴時

淚不晴

又

冰雪透香肌姑射仙人不似伊濯錦江頭新樣

錦非宜故着尋常淡薄衣 暖日下重幃春睡

香凝索起遲曼倩風流緣底事當時愛被西真

喚作兒

又和楊元素時移守密州

東武望餘杭，雲海天涯兩渺茫。何日功成名遂了，還鄉，醉笑陪公三萬場。　不用訴離觴，痛飲從來別有腸。今夜送歸燈火冷，河塘，墮淚羊公却姓楊。

又和楊元素

涼簟碧紗厨，一枕清風晝睡餘。睡聽晚衙無事，徐徐讀盡牀頭幾卷書。　搔首賦歸與，自覺功名懶更疏。若問使君才與氣，何如？占得人間一味愚。

又

裙帶石榴紅却水般勤解贈儂應許逐雞雞莫怕相逢一點靈心必暗通　何處遇良工琢刻天真半欲空頽作龍香雙鳳撥輕攏長在環兒白雪膏

又

旌旆蒲江湖詔發樓舡万舳艫提筆將軍因笑我迂儒怕着腰刀是丈夫　粉泪怨離居喜子垂窻報捷書試問伏波三萬語何如一斛明珠換緑珠

又　雙荔枝

天與化工知賜得衣裳總是緋每向華堂深處見怜伊兩箇心腸一片兒　自小便相隨綺席歌筵不暫離苦恨人人分拆破東西怎得成雙似舊時

又　集句

寒玉細凝膚清歌一曲倒金壺杏葉倡條徧相識爭如豆蔻花梢二月初　年少即須臾芳時偷得醉工夫羅帳細垂銀燭背歡娛豁得平生俊氣無

又

悵望送春杯漸老逢春能幾回花滿楚城愁遠別傷懷何況清絲急管催　吟斷望鄉臺萬里歸心獨上來景物登臨閑始見徘徊一寸相思一寸灰

又

何處倚闌干絃管高樓月正圓蝴蝶夢中家萬里依然老去愁來強自寬　明鏡借紅顏須著人間比夢間蠟燭半籠金翡翠更闌繡被焚香獨自眠

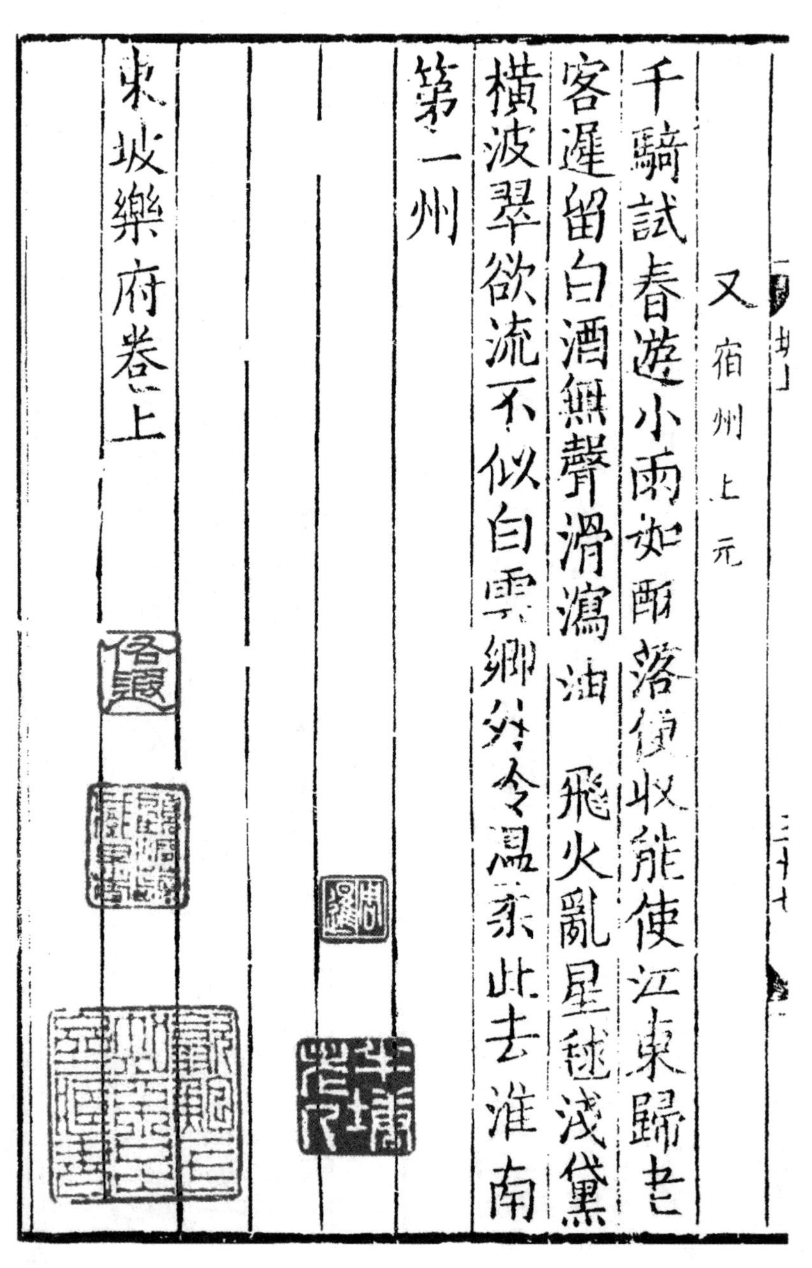

又　宿州上元

千騎試春遊小雨如酥落便收能使江東歸老客遲留白酒無聲滑瀉油　飛火亂星毬淺黛横波翠欲流不似白雲鄉外冷溫柔此去淮南第一州

東坡樂府卷上

東坡樂府卷下

菩薩蠻 七夕朝天門上

畫簷初掛彎彎月孤光未滿先憂缺遥認玉簾鉤天孫梳洗樓 佳人言語好不願求新巧此恨固應知願人無別離

又 七夕

風廻仙馭雲開扇更闌月墮星河轉枕上夢魂驚曉來踈雨零 相逢雖草草長共天難老終不羨人間人間日似年

又

城隅靜女何人見先生日夜歌彤管誰識蔡嫵
賢江南顧彥先　先生那久困湯沐須名郡惟
有謝夫人從來是擬倫

又

買田陽羨吾將老從來不一作只爲溪山好來往
一扁舟聊從造物一作聊從物外游　有書仍懶著且
漫歌歸去筋力不辭詩要須風雨時

又

繡簾高捲傾城出燈前瀲灩橫波溢皓齒發清
歌春愁入翠蛾　悽音休怨亂我已無腸斷遺

纓下清虛纍纍一串珠

又　贈徐君猷笙妓

碧紗微露纖摻玉朱唇漸暖參差竹越調變新聲龍吟澈骨清　夜闌一作來殘酒醒惟覺霜袍冷不見斂眉人臙脂覓舊痕

又　西湖送述古

秋風湖上蕭蕭雨使君欲去還留住今日謾留君明朝愁殺人　佳人千點淚灑向長河水不用斂雙蛾路人啼更多

又　杭妓往蘇迓新守楊元素寄蘇守王

玉童西迓浮丘伯洞天冷落秋蕭瑟不用許飛
瓊瑤臺空月明　清香凝夜宴借與韋郎看莫
便向姑蘇扁舟下五湖

又　席上和陳令舉

天憐豪俊腰金晚故教月向松江滿清景爲淹
留從君都占秋　身閑惟有酒試問遨遊首帝
夢已遙思忩忩歸去時

又　靈壁寄彭門故人

娟娟缺月西南落相思撥斷琵琶索枕泪夢魂

中覺來眉暈重　華堂堆燭泪長笛吹新水醉
容各西東應思陳孟公

又　潤州和元素

玉笙不受朱唇暖離声凄咽胷填滿遺恨幾千
秋心留人不留　他年京國酒墮泪攀枯柳莫
唱短因緣長安遠似天

又　回文

落花閑院春衫薄薄衫春院閑花落遲日恨依
依依恨日遲　夢回鶯舌弄弄舌鶯回夢郵
便問人羞羞人問便郵

又

火雲凝汗揮珠顆顆珠揮汗凝雲火瓊暖碧紗

輕輕紗碧暖瓊　暈腮嫌枕印印枕嫌腮暈閑

照晚粧殘殘粧晚照閑

又

嶠南江淺紅梅小小梅紅淺江南嶠窺我向疎

籬籬疎向我窺　老人行即到到即行人老離

別惜殘枝枝殘惜別離

又回文四時閨怨

翠鬟斜慢雲垂耳耳垂雲慢斜鬟翠春晚睡昏

昏昏昏睡晚春　細花梨雪墜墜雪梨花細顰
淺念誰人人誰念淺顰

又

柳庭風静人眠晝晝眠人静風庭柳香汗薄衫
凉凉衫薄汗香　手紅冰盌藕藕盌冰紅手郎
笑藕絲長長絲藕笑郎

又

井桐雙照新粧冷冷粧新照雙桐井羞對井花
愁愁花井對羞　影孤憐夜永永夜憐孤影樓
上不宜秋秋宜不上樓

又

雪花飛暖融香頰頰香融暖飛花雪欺雪任單衣衣單任雪欺　別時梅子結結子梅時別歸不恨開遲遲開不恨歸

浣溪沙

縹緲紅粧照淺溪薄雲踈雨不成泥送君何處古臺西　廢沼夜來秋水滿茂林深處晚鶯啼行人腸斷草凄迷

又送葉淳老

陽羨姑蘇已買田相逢誰信是前緣莫教便唱

水如天　我作洞霄君作守白頭相對故依然西湖知有幾同年

又重九

珠檜絲杉冷欲霜山城歌舞助凄凉且飡山色飲湖光　共挽朱幡留半日強揉青蘂作重陽不知明日爲誰黄

又

霜鬢真堪插拒霜裒絃危柱作伊凉暫時流轉爲風光　來遣清罇空北海莫因長笛賦山陽金釵玉腕瀉鵝黄

又

傅粉郎君又粉奴莫教施粉與施朱自然冰玉照香酥　有客能爲神女賦憑君送與雪兒書夢蒐東去覓桑榆

又　詠橘

菊暗荷枯一夜霜新苞綠葉照林光竹籬茅舍出青黃　香霧噀人驚半破清泉流齒怯初嘗吳姬三日手猶香

又　公守湖州來上元日作會於伽藍中時長老法惠在坐人有獻剪綵花者甚

奇謂有初春之興作浣溪沙二首因寄

袁公濟

雪頷霜髯不自驚更將剪綵發春榮羞顏未醉已先赬　莫唱黃鷄并白髮且呼張丈喚殷兄有人歸去欲卿卿

又

料峭東風翠幕驚云何不飲對公榮水晶盤瑩玉鱗赬　花影莫辜三夜月朱顏未稱五年兄翰林子墨主人卿

又徐門石潭謝雨道上作五首潭在城

東二十里常與泗水增減清濁相應

照日深紅暖見魚，連村綠暗晚藏烏。黃童白叟聚睢盱。　麋鹿逢人雖未慣，猿猱聞鼓不須呼。歸來一作家說與採桑姑。

又

旋抹紅粧看使君，三三五五棘籬門。相排一作挨踏破蒨羅裙。　老幼扶攜收麥社，烏鳶翔舞賽神村。道逢醉叟卧黃昏。

又

麻葉層層檾葉光，誰家煮繭一村香。隔籬嬌語

絡絲娘　垂白杖藜擡醉眼扶一作捋青擣麨軟飢腸問言豆葉幾時黃

又

簌簌衣巾落棗花村南村北響繰車牛衣古柳賣黃瓜　酒困路長惟欲睡日高人渴謾思茶敲門試問野人家

又

軟草平莎過雨新輕沙走馬路無塵何時收拾耦耕身　日暖桑麻光似潑風來蒿艾氣如薰使君元是此中人

又

道字嬌訛語未成未應春閤夢多情朝來何事綠鬟傾　綵索身輕長趁燕紅窻睡重不聞鶯困人天氣近清明

又　自杭移寓守席上别楊元素時重九前一日

縹緲危樓紫翠間良辰樂事古難全感時懷舊獨凄然　璧月瓊枝空夜夜菊花人兒自年年不知來歲與誰看

又

桃李溪邊駐畫輪鷓鴣聲裏倒清樽夕陽雖好近黃昏　香在衣裳妝在臂水連芳草月連雲幾時歸去不銷魂

又

四面垂楊十頃荷問云何處最花多畫樓南畔夕陽過　天氣乍涼人寂寞光陰須得酒消磨月來花裏聽笙歌

又贈閭丘朝議時還徐州

一別姑蘇巳四年秋風南浦送歸船畫簾重見水中仙　霜鬢不須催我老杏丹一作花依舊駐

君顏夜闌相對夢魂間

又

惟見眉間一點黄詔書催發羽書忙從教嬌淚洗紅粧　上殿雲霄生羽翼論兵齒頰帶氷霜歸來衫袖有天香

又　贈陳海州陳嘗爲眉令有聲

長記鳴琴子賤堂朱顏綠鬢映垂楊如今秋鬢數莖霜　聚散交遊如夢寐升沉閑事莫思量仲卿終不忘桐鄉

又

風壓輕雲貼水飛乍晴池館燕爭泥沈郎多病
不勝衣　沙上不聞鴻鴈信竹間時有鷓鴣啼
此情惟有落花知

又紹聖元年十月二十三日與程鄉令
侯晉叔歸善簿譚汲同游大雲寺野飲
松下仍設松黄湯作此闋余家近釀酒
名之曰万家春蓋嶺南万户酒也

羅襪空飛洛浦塵錦袍不見謫仙人携壺藉草
亦天真　玉粉輕黄千歲藥雪花浮動萬家春
醉歸江路野梅新

又

白雪清詞出坐間，愛君才器兩俱全。異鄉風景却依然。　可恨相逢能幾日，不知重會是何年。茱萸子細更重看。

又　元豐七年十二月二十四日，從泗州劉倩叔遊南山

細雨斜風作小寒，淡煙疏柳媚晴灘。入淮清洛漸漫漫。　雪沫乳花浮午盞，蓼茸蒿笋試春盤。人間有味是清歡。

又　送梅庭老赴上黨學官

門外東風雪洒裾山頭回首望三吳不應彈鋏為無魚　上黨從來天下脊先生元是古之儒時平不用魯連書

又

慚愧今年二麥豐千歧細浪舞晴空化工餘力染夭紅　歸去山翁因倒載闌街拍手笑兒童甚時名作錦薰籠

又

芍藥櫻桃兩鬬新名園高會送芳辰洛陽初夏廣陵春　紅玉半開菩薩面丹砂濃點柳枝唇

樽前還有箇中人

又席上贈楚守田待問小鬟

學畫鵶兒正妙年陽城下蔡困嫣然憑君莫唱短因緣　霧帳吹笙香嫋嫋霜庭按舞月娟娟曲終紅袖落雙纏

又

一夢江湖費五年歸來風物故依然相逢一醉是前緣　遷客不應常眊燥使君爲出小嬋娟翠鬟聊着小詩纏

又端午

輕汗微微透碧紈，明朝端午浴芳蘭。流香漲膩滿晴川。綵綫輕纏紅玉臂，小符斜掛綠雲鬟。佳人相見一千年。

又

徐邈能中酒聖賢，劉伶席地幕青天。潘郎白璧為誰連。無可奈何新白髮，不如歸去舊青山。恨無人借買山錢。

又

傾盖相看勝白頭，故山空復夢松楸。此心安處是菟裘。賣劍買牛吾（一作真）欲老，乞漿得酒更

何求願爲同社宴清秋

又

炙手無人傍屋頭蕭蕭晚雨脫梧楸誰憐季子敝貂裘　顧我已無當世望似君須向古人求歲寒松栢肯驚秋

又

晝隼横江喜再遊老魚跳檻識清謳流年未肯付東流　黄菊籬邊無悵望白雲鄉裏有温柔挼回霜鬢莫教休

又

入袂輕飄不破塵玉簪犀壁醉佳辰一番紅粉
爲誰新　團扇不堪題往事新絲那解繫行人
酒闌滋味似殘春

又

風捲珠簾自上鈎蕭蕭亂葉報新秋獨携纖手
上高樓　缺月向人舒窈窕三星當户照綢繆
香生霧縠見纖柔

又　遊蘄水清泉寺寺臨蘭溪溪水西流

山下蘭芽短浸溪松間沙路淨無泥蕭蕭暮雨
子規啼　誰道人生無再少門前流水尚能西

休將白髮唱黃鷄

又

西塞山邊白鷺飛散花洲外片帆微桃花流水鱖魚肥　自庇一身青蒻笠相隨到處綠蓑衣斜風細雨不須歸

又十二月二日雨後微雪太守徐君猷攜酒見過坐上作浣溪沙三首明日酒醒雪大作又作二首

覆塊青青麥未蘇江南雲葉暗隨車臨臯煙景世間無　雨脚半收簷斷綫雪林初下瓦跳珠

歸來冰顆亂黏鬚

又

醉夢昏昏曉未蘇門前轣轆使君車扶頭一盞怎生無　廢圃寒蔬挑翠羽小槽春酒滴真珠清香細細嚼梅鬚

又

雪裏飡氊例姓蘇使君載酒為回車天寒酒色轉頭無　薦士已聞飛鶚表報恩應不用蛇珠醉中還許攬桓鬚

又

半夜銀山上積蘇朝來九陌帶隨車濤江煙渚一晴無　空腹有詩衣有結濕薪如桂米如珠凍吟誰伴撚髭鬚

又

萬頃風濤不記蘇雪晴江上麥千車但令人飽我愁無　翠袖倚風縈柳絮絳脣得酒爛櫻珠樽前呵手鑷霜鬚

南歌子 杭州端午

山與歌眉歛波同醉眼流遊人都上十三樓不羨竹西歌吹古揚州　菰黍連昌歜瓊彝倒玉

舟誰家水調唱歌頭声繞碧山飛去晚雲留

又

雨暗初疑夜風回便報晴淡雲斜照着山明細草軟沙溪路馬蹄輕　卯酒醒還困仙村夢不成藍橋何處覔雲英秪有多情流水伴人行

又　送行甫赴餘姚

日出西山一作邊雨無晴又有晴亂山深處過清明不見綵繩花板細腰輕　盡日行桑野無人與目成且將新句琢瓊英我是世間閑客此閑行

又

帶酒衝山雨和衣睡晚晴不知鍾鼓報天明夢裏栩然蝴蝶一身輕　老去才都盡歸來計未成求田問舍笑豪英自愛湖邊沙路免泥行

又

日薄花房綻風和麥浪輕夜來微雨洗郊坰正是一年春好近清明　已改煎茶火猶調入粥餳使君高會有餘清此樂無聲無味最難名

又　八月十八日觀潮

海上乘槎侶仙人萼綠華飛昇元不用丹砂住

在潮頭來處渺天涯　雷輥夫差國雲翻海若家坐中安得弄琴牙寫取餘声歸向水仙誇

又

苒苒中秋過蕭蕭兩鬢華寓身此世一塵沙笑看潮來潮去了生涯　方士三山路漁人一葉家早知身世兩聱牙好伴騎鯨公子賦雄誇

又　冷齋夜話東坡鎮錢塘無日不在西湖嘗携妓謁大通禪師大通慍形於色東坡作長短句令妓歌之

師唱誰家曲宗風嗣阿誰借君拍板與門搥我

也逢場作戲莫相疑　溪女方偷眼山僧莫皺
眉却愁弥勒下生遲不見老婆三五少年時
又別潤守許仲途
欲執河梁手還升月旦堂酒闌人散月侵廊北
客明朝歸去鴈南翔　窈窕高明玉風流鄭季
莊一時分散水雲鄉惟有落花芳草斷人腸
又湖州作
山雨蕭蕭過溪風瀏瀏清小園幽榭枕蘋汀門
外月華如水綵舟横　苕岸霜花盡江湖雪陣
平兩山遥指海門青回首水雲何處覓孤城

又

紫陌尋春去，紅塵拂面來無人不道看花回惟
見石榴新蕊一枝開　冰簟堆雲髻金樽灔玉
醅綠陰青子莫相催留取紅巾千點照池臺

又　黄州臘八日飲懷民小閣

衛霍元勳後韋平外族賢吹笙秪合在緱山同
駕綵鸞歸去趁新年　烘暖燒香閣輕寒浴佛
天他時一醉畫堂前莫忘故人憔悴老江邊

又

笑怕薔薇罥行憂寶瑟僵美人依約在西廂秪

恐暗中迷路認餘香　午夜風翻幔三更月到床簟紋如水玉肌凉何物與儂歸去有殘粧

又

寸恨誰云短綿綿豈易裁半年眉緑未曾開明月好風閑處是人猜　春雨消殘凍温風到冷灰樽前舞雪爲誰回留取曲終一拍待君來

又楚守周豫出舞鬟

紺綰雙蟠髻雲欹小偃巾輕盈紅臉小腰身疊鼓忽催花拍鬭精神　空闊輕紅歇風和約柳春逢山才調最清新勝似纏頭千錦共藏珍

又

琥珀裝腰佩龍香入領巾秪應飛燕是前身共看剥葱纖手舞凝神　柳絮風前轉梅花雪裏春鴛鴦翡翠兩争新但得周郎一顧勝珠珎

又

古岸開青葑新渠走碧流會看光滿萬家樓記取他年扶病入西州　佳節連梅雨餘生寄葉舟只將菱角與雞頭更有月明千頃一時留

江城子　陶淵明以正月五日遊斜川臨流班坐顧瞻南阜愛曾城之獨秀乃作

斜川詩至今彼人想見其處元豐壬戌之春余躬耕於東坡築雪堂居之南挹四望亭之後丘西控北山之微泉慨然而嘆此亦斜川之遊也乃作長短句以江城子歌之

夢中了了醉中醒秖淵明是前生走遍人間依舊却躬耕昨夜東坡春雨足烏鵲喜報新晴雪堂西畔暗泉鳴北山傾小溪横南望亭丘孤秀聳曾城都是斜川當日境吾老矣寄餘齡

又孤山竹閣送沐古

翠蛾羞黛怯人看掩霜紈淚偷彈且盡一樽收
淚聽陽關謾道帝城天樣遠天易見見君難
畫堂新搆近孤山曲闌干爲誰安飛絮落花春
色屬明年欲棹小舟尋舊事無處問水連天

又 湖上與張先同賦

鳳凰山下雨初晴水風清晚霞明一朶芙蕖開
過尚盈盈何處飛來雙白鷺如有意慕娉婷
忽聞江上弄哀箏苦含情遣誰聽煙斂雲收依
約是湘靈欲待曲終尋問取人不見數峯青

又 密州出獵

老夫聊發少年狂左牽黃右擎蒼錦帽貂裘千
騎卷平崗爲報傾城隨太守親射虎看孫郎
酒酣胷膽尚開張鬢微霜又何妨持節雲中何
日遣馮唐會挽彫弓如滿月西北望射天狼

又　別徐州

天涯流落思無窮既相逢却怱怱携手佳人和
淚折殘紅爲問東風餘幾許春縱在與誰同
隋堤三月水溶溶背歸鴻去吳中回首彭城清
泗與淮通欲寄相思千點淚流不到楚江東

又　東武雪中送客

枏從不覺又初寒對樽前惜流年風緊離亭冰結淚珠圓雪意留君君不（一作且）住從此去少清歡　轉頭山上轉頭看路漫漫玉花翻雲海光寬（一作天）何處是超然知道故人相念否携翠袖倚朱欄

又大雪有懷朱康叔使君亦知使君之念我也作此以寄之

黃昏猶是雨纖纖曉開簾欲平簷江闊天低無處認青帘孤坐凍吟誰伴我揩病目撚衰髯　使君留客醉厭厭水晶鹽爲誰甜手把梅花東

望憶簡潛雪似故人人似雪雖可愛有人嫌

又 陳直方妾嵇錢塘人也求新詞為作此錢塘人好唱陌上花緩緩曲余嘗作數絕以紀其事

玉人家在鳳凰山水雲間掩門閑一作門閑門外行人立馬看弓彎十里春風誰指似斜日映繡簾班 多情好事與君還閔新鰥拭餘潸明月空江香霧著雲鬟陌上花開春盡也聞舊曲破朱顏

又 乙卯正月二十日夜記夢

十年生死兩茫茫不思量自難忘千里孤墳無

處話凄凉縱使相逢應不識塵滿面鬢如霜

夜來幽夢忽還鄉小軒窗正梳粧相顧無言唯有淚千行料得年年腸斷處明月夜短松崗

蝶戀花

花褪殘紅青杏小燕子飛時綠水人家繞（一作曉）枝上柳綿吹又少天涯何處無芳草　牆裏鞦韆牆外道牆外行人牆裏佳人笑笑漸不聞声漸悄多情却被無情惱

又　代人贈別

一顆櫻桃樊素口不要黃金秖要人長久學畫

鵶兒猶未就肩鬪已作傷春皺 撲蝶西園隨
伴他花落花開漸解相思瘦破鏡重來人在否
章臺折盡青青柳

又 京口得鄉書

雨後春容清更麗秖有離人幽恨終難洗北固
山前三面水碧瓊梳擁青螺髻 一紙鄉書來
萬里問我何年真箇成歸計回首送春拚一醉
東風吹破千行淚

又

簌簌無風花自墮寂寞園林柳老櫻桃過落日

有情還照坐山青一點橫雲破　路盡河回人
轉柂繫纜漁村月暗孤燈火憑仗飛魂招楚些
我思君處君思我

又　密州上元

燈火錢塘三五夜明月如霜照見人如畫帳底
吹笙香吐麝更無一點塵隨馬　寂寞山城人
老也擊鼓吹簫却入農桑社火冷燈稀霜露下
昏昏雪意雲垂野

又　微雪客有善吹笛擊鼓者方醉中有
人送苦寒詩求和遂以此答之

簾外東風交雨霰簾裏佳人笑語如鶯燕深惜今年正月暖燈光酒色摇金盞　摻鼓漁陽撾未遍舞裀瓊釵汗濕香羅軟今夜何人吟古怨清詩未了冰生硯

又

過漣水軍贈趙晦之

自古漣漪佳絕地遶郭荷花欲把吳興比倦客塵埃何處洗真君堂下寒泉水　左海門前魚酒市夜半潮來月下孤舟起傾蓋相逢拚一醉雙鳧飛去人千里

又

雲水縈回溪上路疊疊青山環繞溪東注月白沙汀翹宿鷺更無一點塵來處　溪叟相看私自語底事區區苦要爲官去樽酒不空田百畝歸來分取閑中趣

減字木蘭花

雲鬟傾倒醉倚闌干風月好憑仗相扶誤入仙家碧玉壺　連天衰草下走湖南西去道一舸姑蘇便逐鴟夷去得無

又　贈潤守許仲途且以鄭容落籍高瑩從良爲句首

鄭莊好客容我樽前先墮幘落筆生風籍籍聲
名不負公　高山白早瑩骨冰膚那解老從此
南徐良夜清風月滿湖

又　西湖食荔枝

閩溪珎獻過海雲帆來似箭玉座金盤不貢奇
葩四百年　輕紅釃白雅稱佳人纖手擘骨細
肌香恰似當年十八娘

又　送東武令趙昶失官歸海州

賢哉令尹三仕已之無喜慍我獨何人猶把虛
名玷縉紳　不如歸去二頃良田無覓處歸去

來兮待有良田是幾時

又　彭門留別

玉觴無味中有佳人千點淚學道忘憂一念還成不自由　如今未見歸去東園花似霰一語相開匹似當初本不來

又　送趙令

春光亭下流水如今何在也歲月如梭白首相看擬奈何　故人重見世事年來千萬變官況闌珊慚愧青松守歲寒

又　秘閣古笑林云晉元帝生子宴百官

賜束帛殷羨謝曰臣等無功受賞帝曰
此事豈容卿有功乎同舍每以爲笑余
過吳興而李公釋適生子三日會客求
歌辭乃爲作此戲之舉坐皆絶倒

維熊佳夢釋氏老君親抱送壯氣横秋未滿三
朝已食牛 犀錢玉果利市平分霑四坐多謝
無功此事如何着得儂

又

曉來風細不會鵲声來報喜却羨寒梅先覺春
風一夜來 香牋一紙寫盡回文機上意欲卷

重開讀徧千回與萬回

又

天台舊路應恨劉郎來又去別酒頻傾忍聽陽關第四聲　劉郎未老懷戀仙鄉重得到只恐因循不見而今勸酒人

又

錢塘西湖有詩僧清順所居藏春塢門前有二古松各有凌霄花絡其上順常晝卧其下時余爲郡一日屏騎從過之松風騷然順指落花求韻余爲賦此

雙龍對起白甲蒼髯煙雨裏踈影微香下有幽

人晝夢長　湖風清軟雙鵲飛來爭噪晚翠颭

紅輕（一作鮮）時上（一作下）凌霄百尺英

入

琵琶絕藝年紀都來十一二撥弄（一作誂抹）么絃未

解將心指下傳　主人嗔小欲向春風（一作樽前）先

醉倒已屬君家且更（一作更與）從容等待他（一作些）

又己卯儋耳春詞

春牛春杖無限春風來海上便丐春工染得桃

紅似肉紅　春幡春勝一陣春風吹酒醒不似

天涯捲起楊花似雪花

又 雪

雲容皓白破曉玉英紛似織風力無端欲學楊花更耐寒 相如未老梁苑猶能陪俊少莫惹閑愁且折江梅上小樓

又

玉房金蘂宜在玉人纖手裏淡月朦朧更有微微弄袖風 温香熟美醉慢雲鬟垂兩耳多謝春工不是花紅是玉紅

又二月十五夜與趙德麟小酌聚星堂

春庭月午揺蕩香醪光欲舞步轉回廊半落梅

花婉娩香　輕煙薄霧揔是少年行樂處不似
秋光祗與、[illegible]人照斷腸

又贈勝之

天然宅院賽了千千并萬萬說與賢知表德元
來是勝之　今年十四海裏猴兒奴子是要賭
休癡六隻骰兒六點兒

又

空牀響琢花上春禽冰上雹醉夢樽前驚起湖
風入座寒　轉關鑊索春水流絃霜入撥月墮
更闌更請宮高奏獨彈

又 五月二十四日會于元魁之隨齋主人汲泉置大盆中漬白芙蓉坐客翛然無復有病暑意

回風落景散亂東墻踈竹影滿座清㣲入袖寒泉不濕衣　夢回酒醒百尺飛瀾鳴碧井　雪洒冰麾散落佳人白玉肌

又 以大琉璃盃勸王仲翁

海南奇寶鑄出團團如栲栳曾到崑崙乞得山頭玉女盆　絳州王老百歲癡頑推不倒海口如門一派黃流巳電奔

行香子 茶詞

綺席纔終歡意猶濃酒闌時高興無窮共誇君賜初拆臣封看分香餅黃金縷密雲龍 鬭贏一水功敵千鍾覺涼生兩腋清風暫留紅袖少却紗籠放笙歌散庭館靜略從容

又

三入承明四至九卿問儒生何辱何榮金張七葉紈綺貂纓無汗馬事不獻賦不明經 成都卜肆寂寞君平鄭子真巖谷躬耕寒灰 炙手人重人輕除笠乾學得無念得無名

又

清夜無塵月色如銀酒斟時須滿十分浮名浮利虛苦勞神嘆隙中駒石中火夢中身　雖抱文章開口誰親且陶陶樂盡天真幾時歸去作箇閑人對一張琴一壺酒一溪雲

又　病起小集

昨（一作凉）夜霜風先入梧桐渾無處回避衰容問公何事不語書空但一回醉一回病一回慵朝來庭下飛英如霰（一作光陰如箭）似無言有意催（二作）傷儂都將萬事付與千鍾任酒花白眼花亂燭

花紅

又丹陽寄述古

携手江村梅雪飄裙情何限處處銷魂故人不見舊曲重聞向望湖樓孤山寺湧金門 尋常行處題詩千首繡羅衫與拂紅塵別來相憶知是何人有湖中月江邊柳隴頭雲

又過七里瀨

一葉舟輕雙槳鴻驚冰天清影湛波平魚翻藻鑑鷺點煙汀過沙溪急霜溪冷月溪明 重重似畫曲曲如屏笑當年虛老嚴陵君臣一夢今

古空名但遠山長雲山亂曉山青

又

北望平川野水荒灣共尋春飛步孱顏和風弄袖香霧縈鬟正酣酒時人語笑白雲間　孤鴻落照相將歸去澹娟娟玉宇清閑何人無事宴坐空山望長橋上燈火亂使君還

點絳唇　己巳重九和蘇堅

我輩情鍾古來誰似龍山宴而今楚甸戲馬餘飛觀　顧謂佳人不覺秋強半箏聲遠鬢雲吹亂愁入參差雁

又庚午重九

不用悲秋，今年身健還高宴。江村（一作封）海甸總

作空花觀。尚想横汾，蘭菊紛相半。樓舡遠，白

雲飛亂，空有年年鴈。

又再和送錢公永

莫唱陽關，風流公子方終宴。秦山禹甸，縹緲真

奇觀。北望平原，落日山銜半。孤帆遠，我歌君

亂，一送西飛鴈。

又

醉漾輕舟，信流引到花深處。塵緣相誤，無計花

問住　煙水茫茫千里斜陽暮山無數亂紅如
雨不記來時路

又

月轉烏啼畫堂宮徵生離恨美人愁悶不管羅
衣褪　清淚班班揮斷柔腸寸嗔人問背燈偷
揾拭盡殘粧粉

皁羅特髻

採菱拾翠算似此佳名阿誰消得採菱拾翠稱
使君知客千金買採菱拾翠更羅袖滿把真珠
結採菱拾翠正髻鬟初合　真箇採菱拾翠但

深怜輕拍一雙子一作手採菱拾翠繡衾下抱着俱香滑採菱拾翠待到京尋覓

虞美人

定場賀老今安在幾度新聲改怨一作新聲坐使舊聲闌俗耳只知繁手不須彈　斷絃試問誰能曉七歲文姬小試教彈作輥雷聲應有開元遺老淚縱橫

又

歸心正似三春草試着萊衣小橘懷幾日向翁開懷祖已嗔文度不歸來　禪心已斷人間愛

祇有平交在笑論瓜葛一枰同看取靈光新賦
有家風

又有美堂贈述古

湖山信是東南美一望彌千里使君能得幾回
來便使樽前醉倒更徘徊 沙河塘裏燈初上
水調誰家唱夜闌風靜欲歸時惟有一江明月
碧琉璃

又

波聲拍枕長淮曉隙月窺人小無情汴水自東
流只載一船離恨向西州 竹溪花浦曾同醉

酒味多於淚誰教風鑑在塵埃醞造一場煩惱送人來

醉落魄

醉醒醒醉憑君會取滋味濃斟琥珀香浮蟻一到愁腸别有陽春意 須將幕席爲天地歌前起舞花前睡從他落魄陶陶裏猶勝醒醒惹得閑憔悴

又 席上呈楊元素

分攜如昨人生到處萍飄泊偶然相聚還離索多病多愁須信從來錯 樽前一笑休辭却天

涯同是傷淪落故山猶負平生約西望峩嵋長
羨歸飛鶴

又　蘇州閶門留別

蒼頭華髮故山歸計何時决舊交新貴音書絕
惟有佳人猶作慇懃別　離亭欲去歌聲咽蕭
蕭細雨涼吹頰淚珠不用羅巾裛彈在羅衫圖
得見時說

又　離京口作

輕雲微月二更酒醒船初發孤城回望蒼煙合
記得歌時不記歸時節　巾偏扇墜籐床滑覺

來幽夢無人說此生飄蕩何時歇家在西南長
作東南別

如夢令 元豐七年十二月十八日浴泗州雍熙塔下戲作如夢令兩闋此曲本唐莊宗製名憶仙姿嫌其名不雅故改爲如夢令莊宗作此詞卒章云如夢如夢和淚出門相送因取以爲名云

水垢何曾相受細看兩俱無有寄語揩背人盡
日勞君揮肘輕手輕手居士本來無垢

又

自淨方能淨彼我自汗流呀氣寄語澡浴人且共肉身遊戲但洗但洗俯爲世間一切

又

爲向東坡傳語人在玉堂深處別後有誰來雪壓小橋無路歸去歸去江上一犁春雨

又

手種堂前桃李無限綠隂青子簾外百舌兒驚（一作喚）起五更春睡居士居士莫忘小橋流水

阮郎歸

綠槐高柳咽新蟬薰風初入絃碧紗窗下水沉

煙碁聲驚晝眠　微雨過小荷翻榴花開欲燃
玉盆纖手弄清泉瓊珠碎却圓

又梅花

暗香浮動月黃昏堂前一樹春東風何事入西
鄰兒家常閉門　雪肌冷玉容真香腮粉未匀
折花欲寄嶺頭人江南日暮春一作雲

又

一年三過蘇最後赴宻州時有問道
回來不來其色凄然太守王規甫嘉之
令作此詞二本名醉桃源

一年三度過蘇臺清尊長是開佳人相問苦相

猜這回來不來　情未盡老先催人生真可咍它年桃李阿誰栽劉郎雙鬢衰

雙荷葉 湖州賈耘老小妓名雙荷葉

雙溪月清光偏照雙荷葉紅心未偶綠衣偷結背風迎雨流珠滑　輕舟短棹先秋折先秋折煙鬟未上玉盃微缺

殢人嬌 小王都尉席上贈侍人

滿院桃花盡是劉郎未見於中更一枝纖軟仙家日月笑人間春晚濃睡起驚飛亂紅千片密意難傳一作窺羞容易變一作見平白地爲伊腸

斷悶君終日怎安排心眼須信道司空自來見
慣

又

白髮蒼顏正是維摩境界空方丈散花何礙朱
脣筯點更髻鬟生菜這些箇千生萬生只在
好事心腸着人情態閑牕下歛雲凝黛明朝端
午待學紉蘭爲佩尋一首好詩要書裙帶

又戲邦直

别駕來時燈火熒煌無數向青瑣隙中偷覷元
來便是共綵鸞仙侣方見了管須低聲說與

百子流蘇千枝寶炬人間有洞房烟霧春來何事故抛人別處坐望斷樓中遠山歸路

訴衷情 送述古迓元素

錢塘風景古今奇太守例一作況能詩先驅負弩何在心已誓江西 花盡後葉飛時雨凄凄若爲情緒更問新官向舊官啼

又

海棠珠綴一重重清曉近簾櫳烟脂誰與勻淡偏向臉邊濃 看葉嫩惜花紅意無窮如花似葉歲歲年年共占一作占取春風

又

小蓮初上琵琶絃彈破碧雲天分明繡閣幽恨都向曲中傳　膚瑩玉鬢梳蟬綺窻前素娥今夜故故隨人似鬬嬋娟

謁金門

秋帷裏長漏伴人無寐伭玉枕凉輕繡被一番秋氣味　曉色又侵窻紙窻外鷄聲起聲斷幾聲還到耳已明聲未已

又

秋池閣風傍曉庭簾幕霜葉未衰吹未落半驚

鵶喜鵲　自笑浮名情薄與世人踈略一片懶心雙懶脚好教閑處着

又

今夜雨斷送一年殘暑坐聽潮聲來別浦月明何處去　辜負金樽綠醑來歲今宵圓否酒醒夢回愁幾許夜闌還獨語

好事近　黄州送君猷

紅粉莫悲啼俯仰半年離別看取雪堂坡下老農夫淒切　明年春水漾桃花柳岸隘舟楫從此滿城歌吹看黄州闐咽

又西湖夜歸

湖上雨晴時秋水半篙初沒朱檻俯窺寒鑑照衰顔華鬢　醉中吹墮白綸巾溪風漾流月獨棹小舟歸去任煙波摇兀

鵲橋仙七夕送陳令舉

緱山仙子高情雲渺不學癡牛騃女鳳簫聲斷月明中舉手謝時人欲去　客槎曾犯銀河波浪尚帶天風海雨相逢一醉是前緣風雨散飄然何處

又七夕和蘇堅

乘槎歸去成都何在萬里江濤漭漾與君各賦一篇詩留織女鴛鴦機上　還將舊曲重賡新韻須信吾儕天放人生何處不兒嬉看乞巧朱樓綵舫

河滿子　湖州寄素守馮當世

見說岷峨悽愴旋聞江漢澄清但覺秋來歸夢好西南自有長城東府三人最少西山八國初平　莫負花溪縱賞何妨藥市微行試問當壚人在否空教是處聞名唱着子淵新曲應須分外含情

陽關曲 中秋作，本名小秦王，入腔

暮雲收盡溢清寒，銀漢無聲轉玉盤。此生此夜不長好，明月明年何處看。

又

受降城下紫髯郎，戲馬臺南舊戰場。恨君不取契丹首，金甲牙旗歸故鄉。

又 李公擇

濟南春好雪初晴，纔到龍山馬足輕。使君莫忘霅溪女，還作陽關腸斷聲。

畫堂春 寄子由

柳花飛處麥搖波晚湖淨鑑新磨小舟飛棹去如梭齊唱採菱歌　平野水雲溶漾小樓風日晴和濟南何在莫雲多歸去奈愁何

天仙子

走馬探花花發未人與化工俱不易千回來繞百回看蜂作婢鶯爲使穀雨清明空屈指　白髮盧郎情未已一夜剪刀收玉蘂樽前還對斷腸紅人有淚花無意明日酒醒應滿地

翻香令　此詞蘇次言傳於伯固家云老人自製腔名

金爐猶暖麝煤殘惜香更把寶釵翻重聞處餘薰在這一番氣味勝從前　背人偷蓋小蓬山更將沉水暗同然且圖得氤氳久爲情深嫌怕斷頭煙

桃源憶故人

華胥夢斷人何處聽得鶯啼紅樹幾點薔薇香雨寂寞閑庭户　暖風不解留花住片片着人無數樓上望春歸去芳草迷歸路

調笑令　效韋應物體

漁父漁父江上微風細雨青蓑黄蒻裳衣紅酒

白魚歸暮歸暮歸暮長笛一聲何處　歸鴈歸鴈飲啄江南南岸將飛却下盤桓塞外春來寒苦寒苦寒苦藻荇欲生且住

荷花媚　湖州賈耘老小妓號雙荷葉

霞苞電荷碧天然地別是風流標格重重青蓋下千嬌照水好紅紅白白　每悵望明月清風夜甚低迷不語妖邪無力終須放船兒去清香深處住看伊顏色

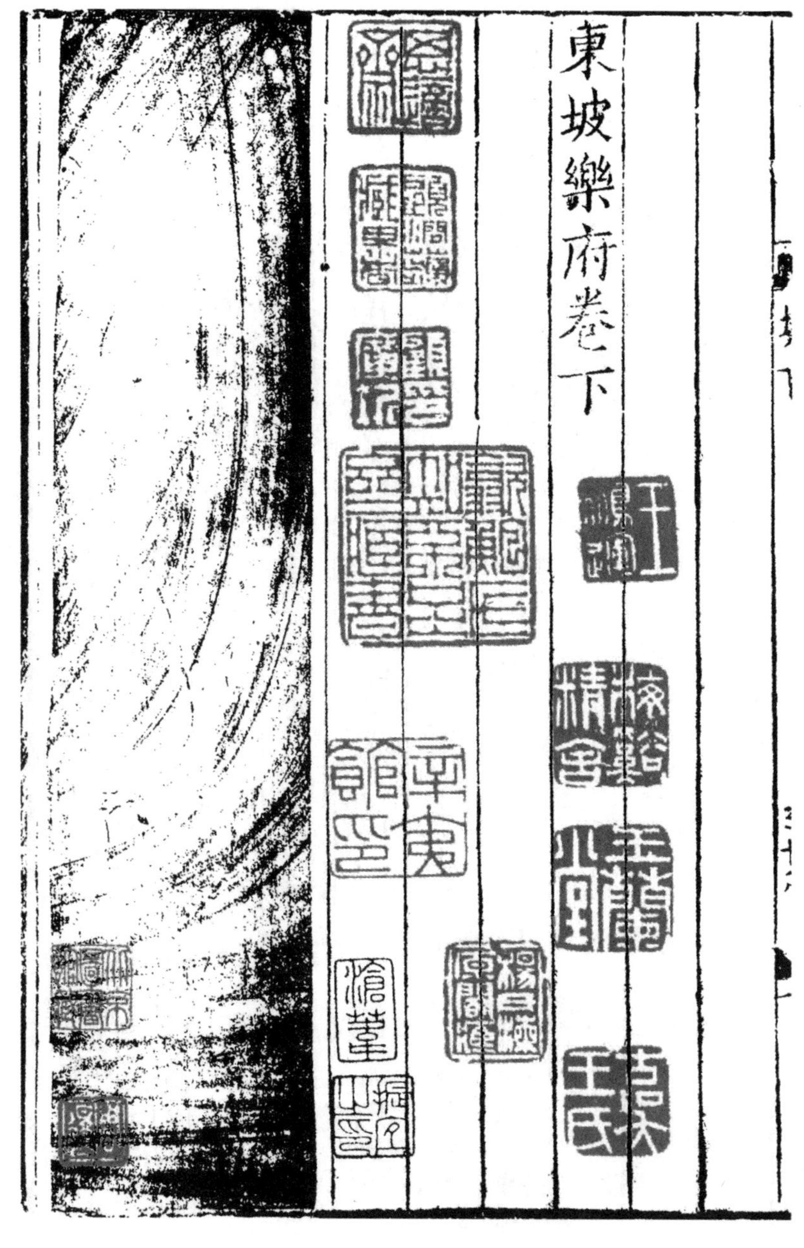
東坡樂府卷下